Vol 14

MAZE

FOR KIDS

MAZE BOOK

SOCIAL MEDIA

f /MySweetBooks1

/MySweetBooks1

/MySweetBooks1

/MySweetBooks

Email Us : mysweetbooks1@gmail.com

MARS

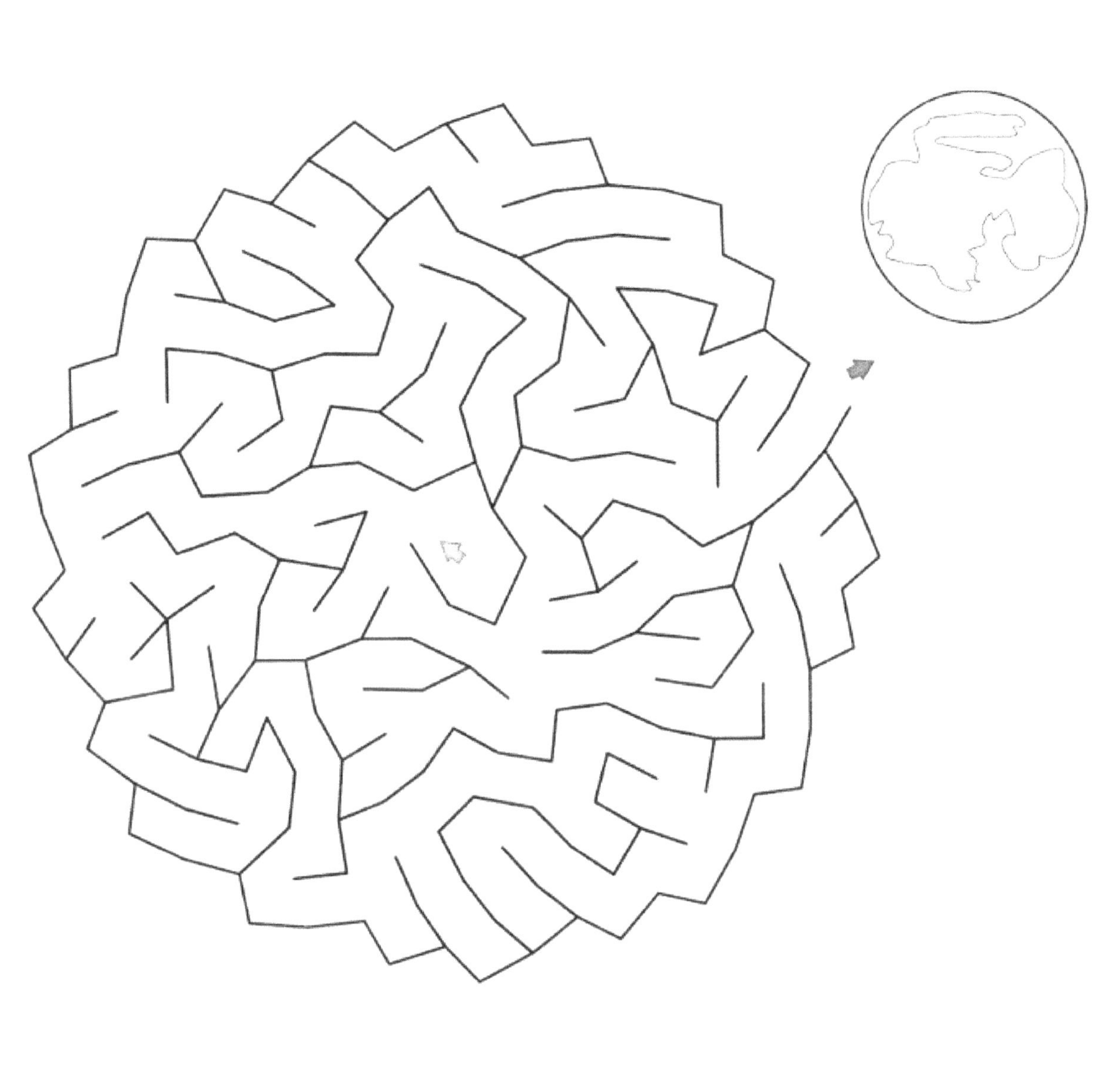

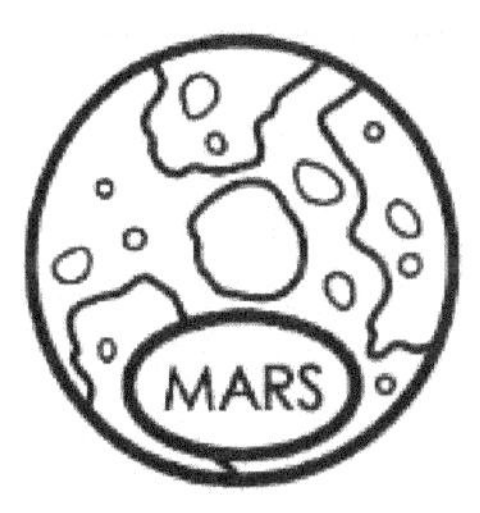
MARS

MARS

MARS

MARS

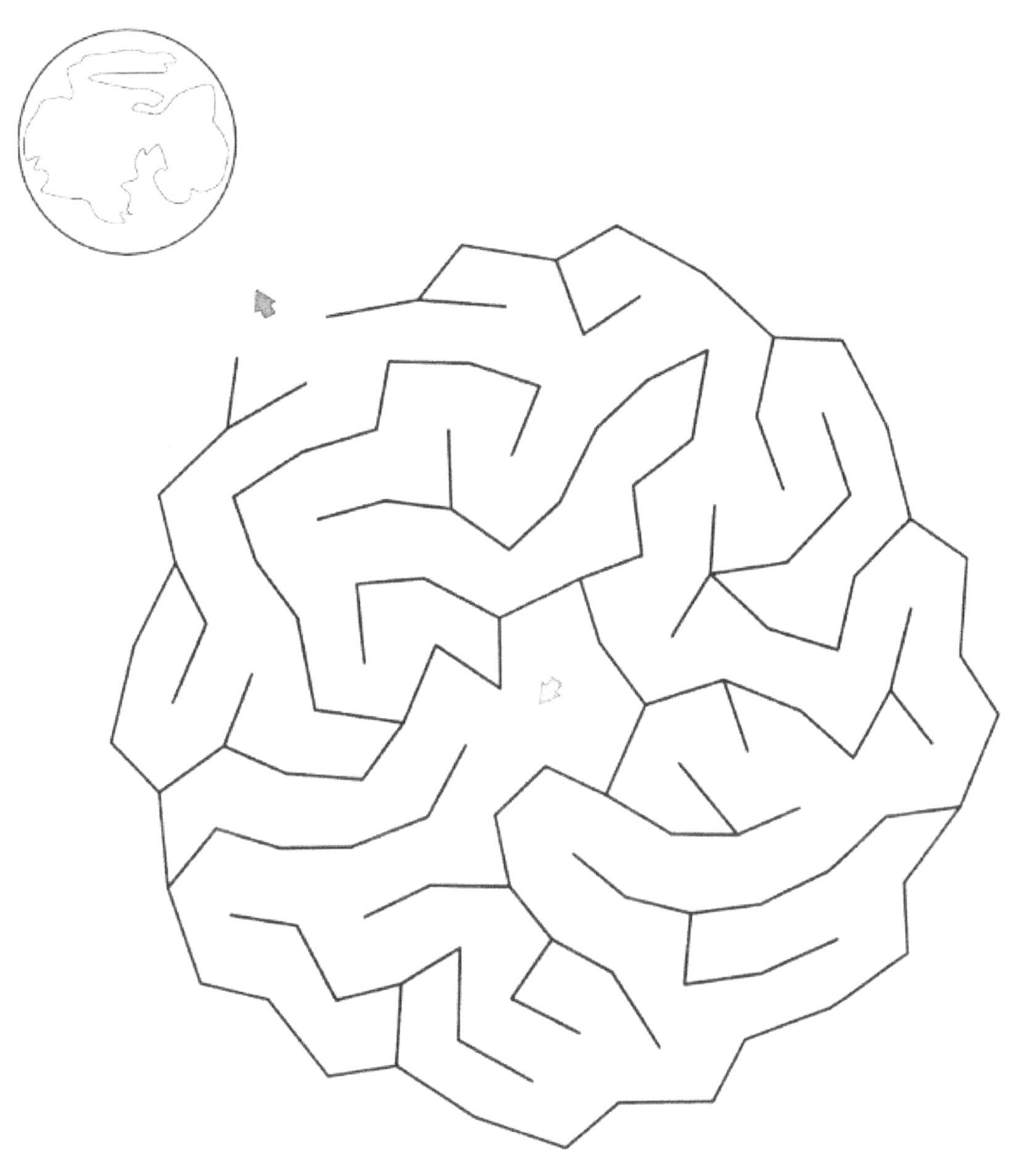

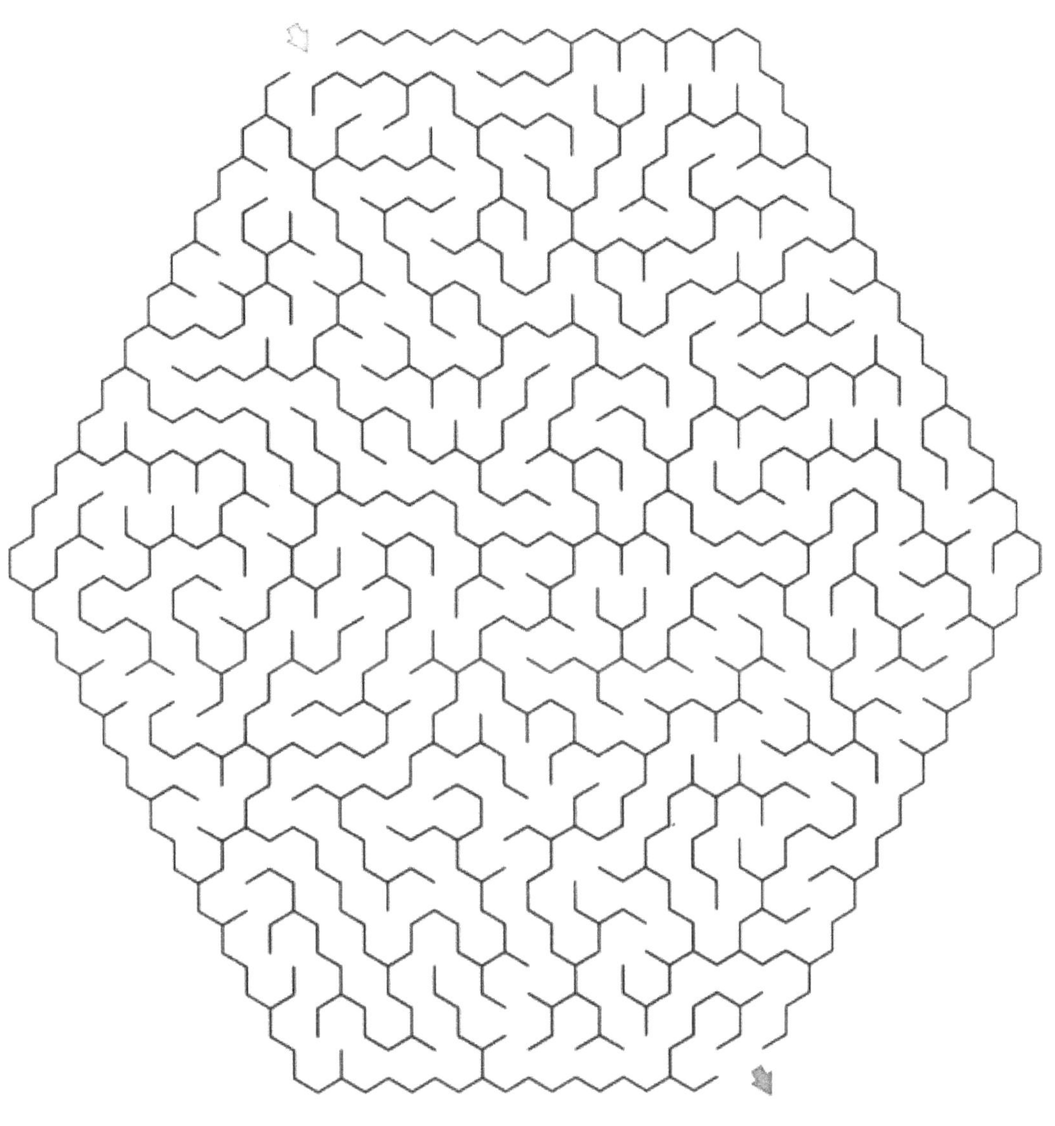

MARS

MARS

MARS

MARS

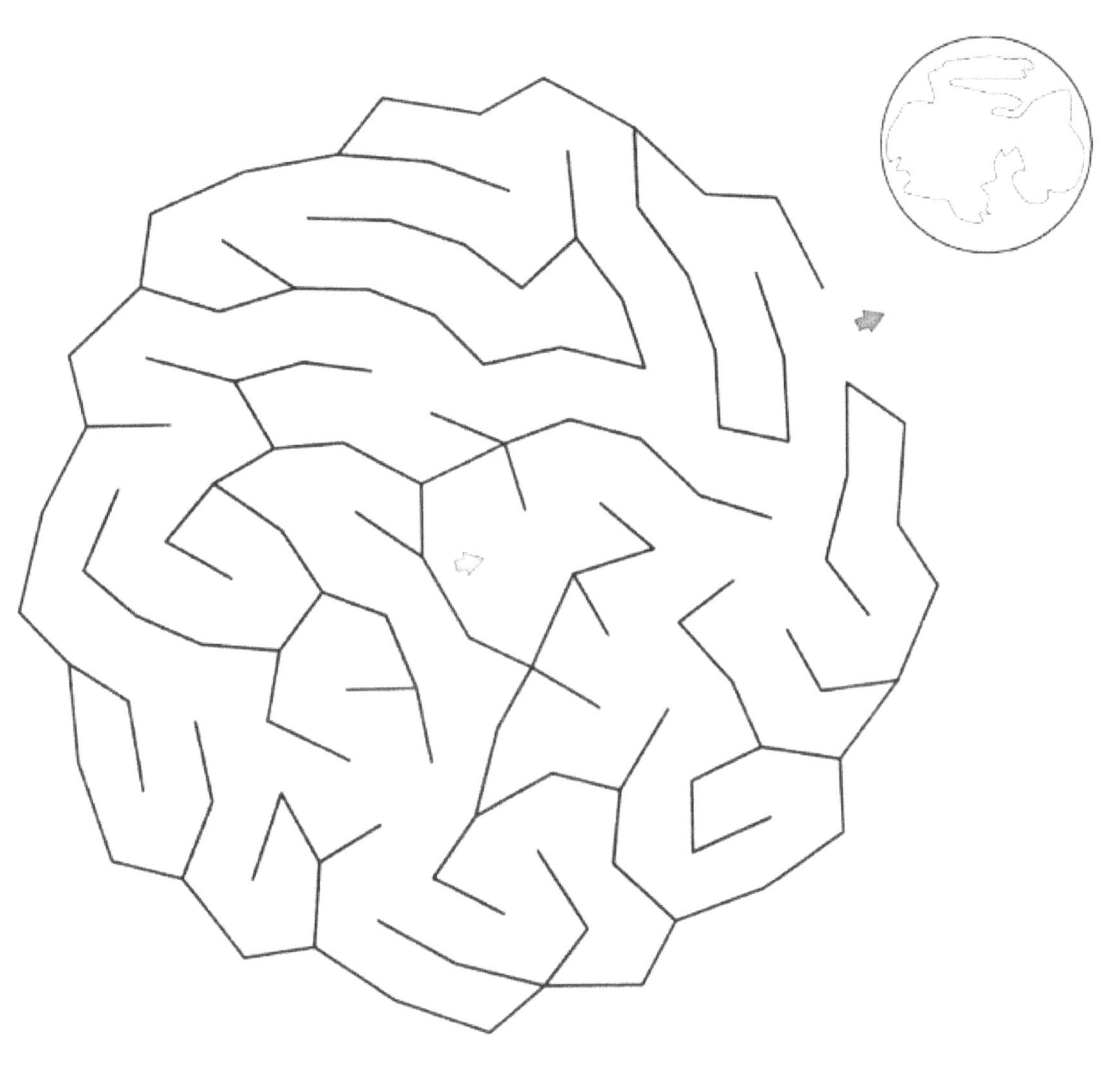

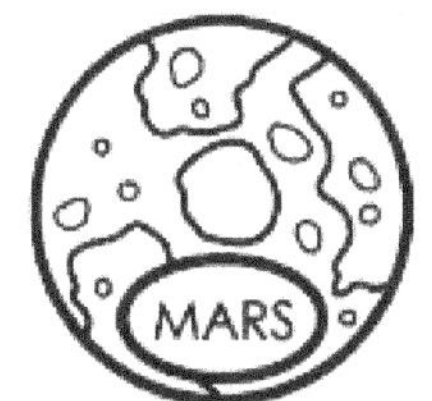
MARS

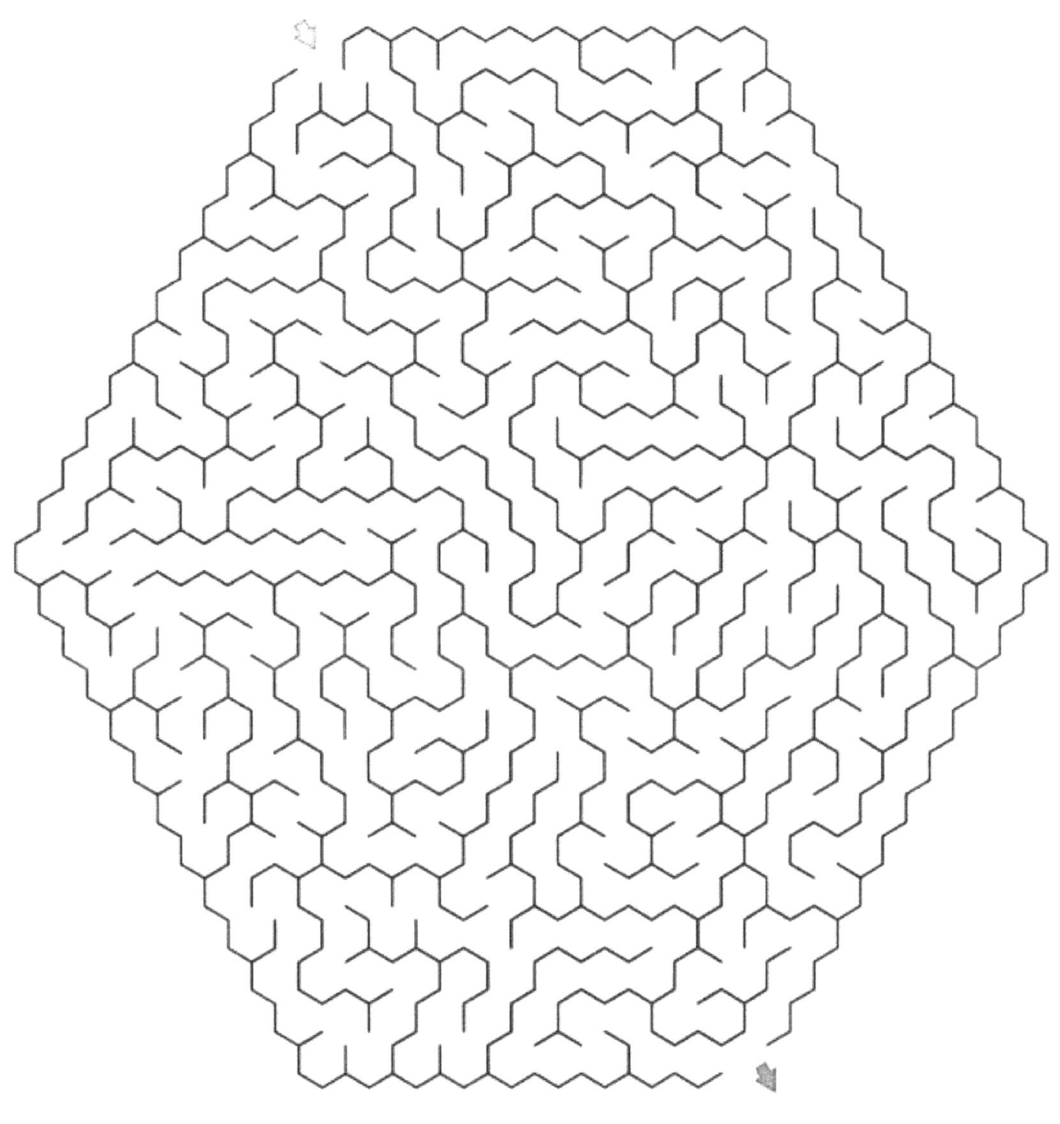

MARS

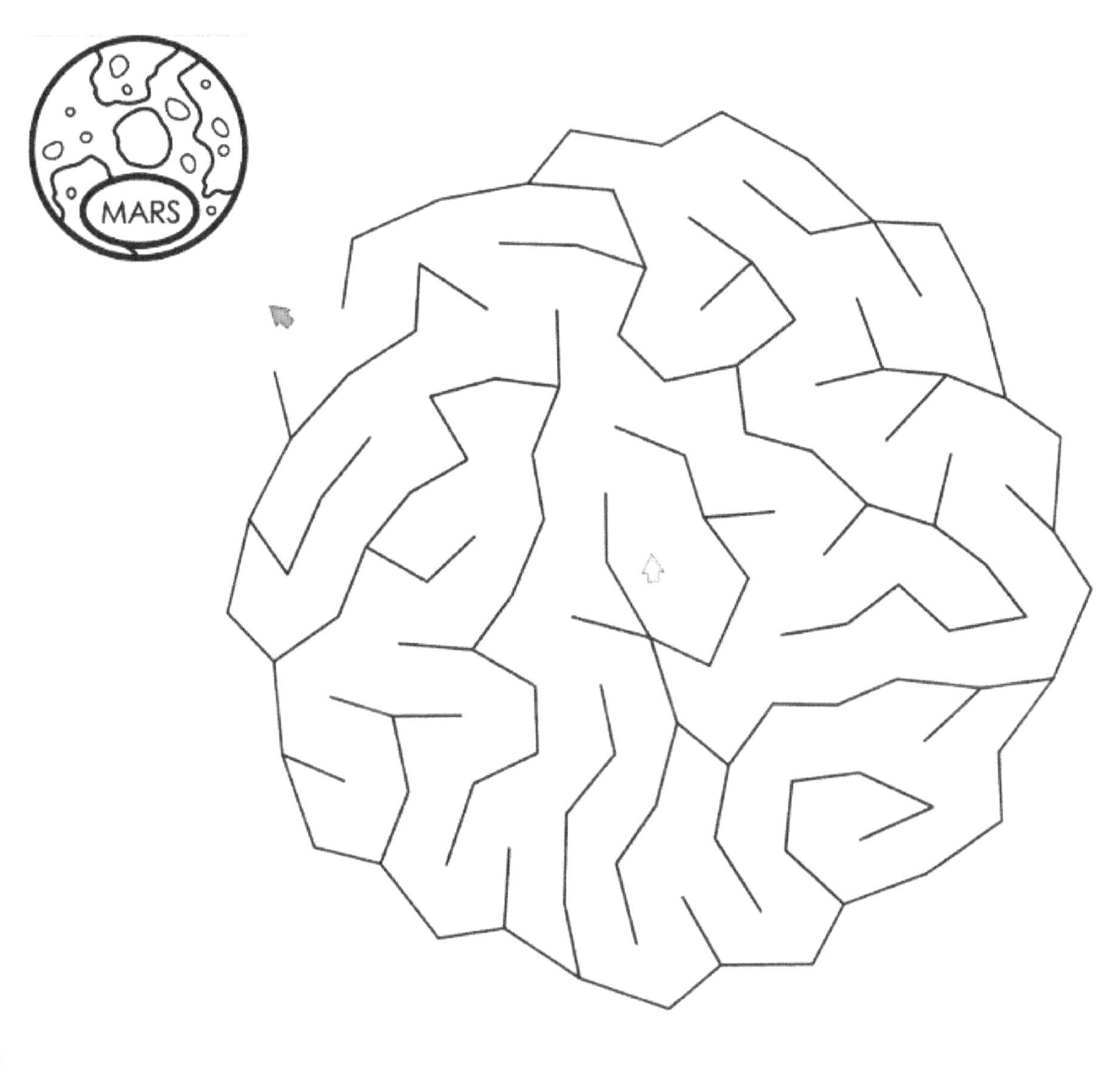

MARS

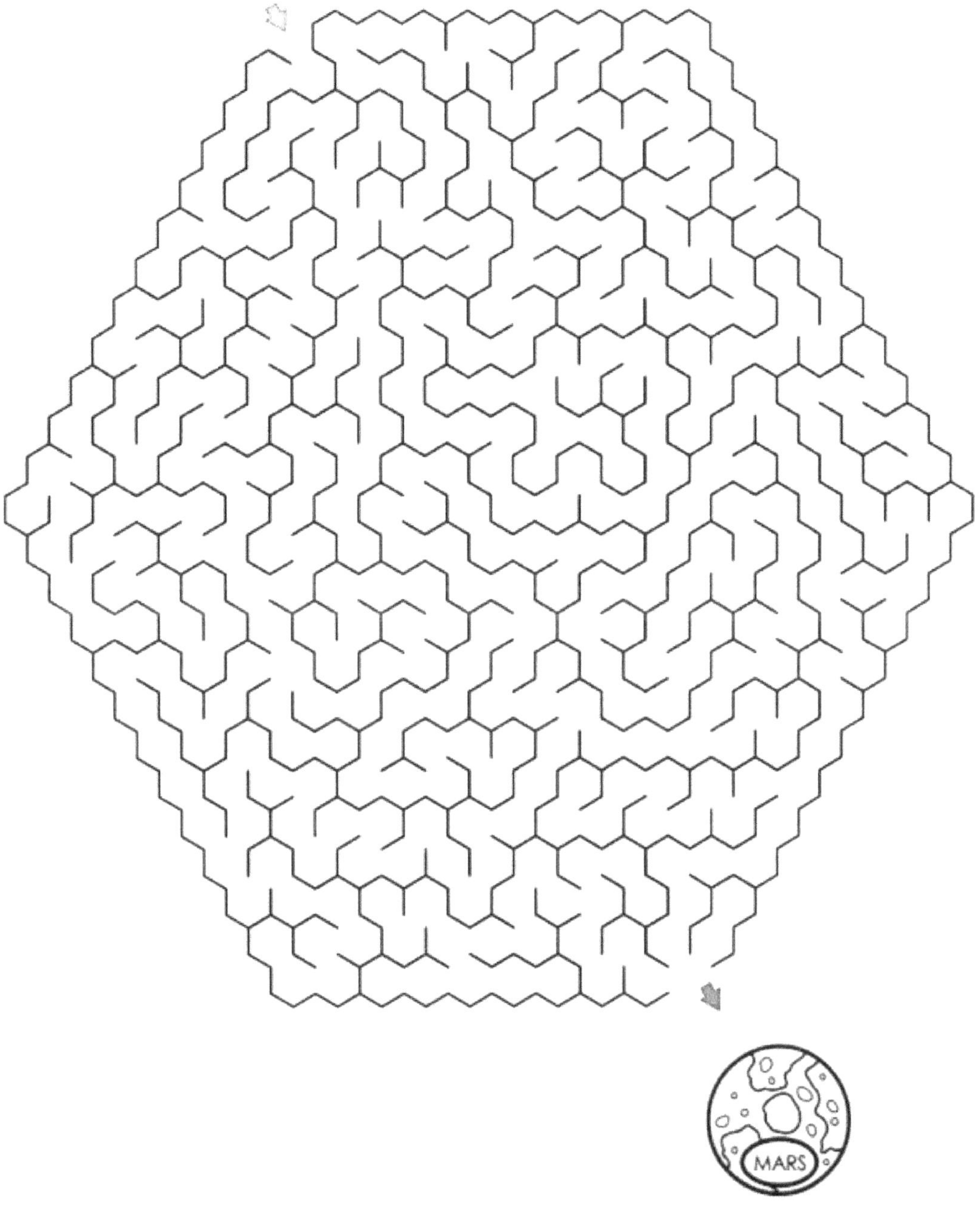

MARS